Ana Bilić

Die Abreise
Odlazak

Lesebuch als Mini-Roman in kroatischer Sprache mit Vokabelteil

Sprachniveau: Erfahrene = B1

3. Ausgabe

Impressum

www.kroatisch-leicht.com

Herstellung und Druck über tolino media GmbH & Co. KG, Albrechtstr. 14, 80636 München. Printed in Germany. Fragen zu Produktsicherheit an: gpsr@tolino.media.

VORWORT

Die Abreise / Odlazak – aus der Serie *Kroatisch leicht* ist ein Lesebuch in Form eines Mini–Romans und ist für Kroatischlernende vorgesehen.

	Level 0	Leichter Anfang	bis 400 Wörter
	Level 1	Beginner	bis 800 Wörter
	Level 2	Fortgeschrittene	bis 1200 Wörter
✓	**Level 3**	**Erfahrene**	**bis 1700 Wörter**
	Level 4	Perfektion	bis 2200 Wörter
	Level 5	Perfektion Plus	bis 2800 Wörter
	Level 6	Erstsprache	bis 3500 Wörter
	Level 7	Standardliteratur	ohne Vokabelteil

Kroatisch leicht ist eine Buchserie zum Kroatisch lesen und ist eine wichtige Lektüre zur Erweiterung der Vokabel und zur Festigung der Sprachkenntnisse. Die Bücher als Mini–Romane sind mit Themen, Grammatik und Grundvokabeln in sieben Stufen des Kroatischlernens aufgeteilt: Leichter Anfang, Beginner, Fortgeschrittene, Erfahrene, Perfektion, Perfektion

Plus und Erstsprache. Damit der/die Lernende sich zu einer oder anderen Gruppe richtig einteilen kann, dafür dient folgende **Orientierungshilfe**:

Leichter Anfang – Lernende, die sich von der Grammatik her mit dem Präsens auskennen.

Beginner – Lernende, die sich von der Grammatik her mit Präsens aktiv und mit Futur I und Perfekt passiv auskennen.

Fortgeschrittene – Lernende, die von der Grammatik her in Kroatisch Präsens, Futur I und Perfekt aktiv verwenden.

Erfahrene – Lernende, die von der Grammatik her Präsens, Futur I und Perfekt aktiv verwenden und sich mit Verbalaspekten passiv auskennen.

Perfektion – Lernende, die von der Grammatik her Präsens, Futur, Perfekt und Verbalaspekte aktiv verwenden.

Perfektion Plus – Lernende, die von der Grammatik her Präsens, Futur, Perfekt und Verbalaspekte aktiv verwenden, sowie Phrasen und umgangssprachliche Ausdrücke passiv kennen.

Erstsprache – Lernende, die von der Grammatik her Präsens, Futur, Perfekt, Verbalaspekte, sowie Phrasen und umgangssprachliche Ausdrücke aktiv verwenden.

Standardliteratur ohne Vokabelteil für die Leser, die im Kroatischen sehr gut verankert sind.

Mehr Infos über weitere Mini Romane finden Sie auch im Internet unter: www.kroatisch-leicht.com

Ein paar Tipps zum leichteren Lesen

1. Subjekt ausgelassen – Verb beachten

In einem Satz soll man immer das Verb und seine Endung beachten, weil das Subjekt oft ausgelassen wird. Das ist sehr wichtig, weil es Wörter gibt, die wie ein Subjekt aussehen, sind es aber nicht. Das ist der Fall bei den Wörtern «mi» und «ti». «Mi» bedeutet neben «wir» auch «mir», und «ti» bedeutet neben «du» auch «dir». Also in einem Satz zuerst das Verb finden und durch seine Endung die Person erkennen:

Mož**eš** *mi* dati knjigu? – **Kannst** du *mir* das Buch geben/reichen?

Šalj**emo** *ti* pismo. – **Wir** schicken *dir* den Brief.

2. Vokabelliste/Wörterbuch gleich aufschlagen oder doch nicht?

Das ist die Frage, ob man den Text als Information liest oder ob man die darin enthaltenen Vokabel auch lernen will. Falls man den Text als Information lesen will, sollte man nicht gleich nach Hilfe im Wörterbuch suchen: In jedem Satz kennt man sicher einige Wörter und den Rest sollte man aus dem Kontext erkennen. Auch wenn dann der Satz unverständlich bleibt, sollte man noch einen weiteren Satz lesen, damit man aus einem breiteren Kontext den Sinn erkennen kann. Wenn das nicht funktioniert, dann das Wörterbuch benutzen. Falls man den Text liest, um Vokabel zu lernen, dann sollte man auch neue Wörter nachschlagen, damit man keine falschen Bedeutungen der Wörter lernt.

3. Braucht man eigentlich Eigenschaftswörter?

Um die grobe Handlung zu verstehen, braucht man Eigenschaftswörter erst an der zweiten Stelle. Um den Text richtig zu verstehen und es zu genießen, braucht man Eigenschaftswörter unbedingt.

4. Wörter mit zwei Bedeutungen

Solche Wörter mögen bei dem/der Lesenden Unruhe stiften. Wie zum Biespiel:

«i» – und; auch

I ja želim čitati knjigu. – (*wörtlich*) Auch ich will das Buch lesen.

«trebati» – sollen; brauchen

«vrijeme» – Wetter; Zeit

«se» – sich; man

usw.

Es ist nützlich, sich solche Wörter zu notieren, damit man nicht immer wieder in Verwirrung gerät.

INHALT – SADRŽAJ

1. KASNO U NOĆI

Bilo je kasno navečer i ja sam gledala televiziju. Oči su mi se sklapale, program na televiziji je bio ugodno dosadan i bila sam spremna za spavanje. Ali kad sam ustala iz fotelje, zazvonio je moj mobitel. Bilo je neobično da me netko zove tako kasno. Pogledala sam displej – bio je to Vjeko.

- Vjeko? ... Otkud ti tako kasno?

- Bok, Sandra! Nadam se da ne smetam.

- Htjela sam upravo ići spavati, ali nema problema. Je li sve u redu?

- Da, da, sve je u redu. Htio sam te samo nešto pitati.

- Da?

- Sutra idem u Zagreb. Poznaješ Fabijana?

Ja sam se nasmijala:

- ... Fabijana? ... Kojeg Fabijana, Vjeko?

I Vjeko se nasmijao:

- Ah, ja odmah direktno u glavu, zar ne? ... Mislio sam na Fabijana Ptičara. On je urednik časopisa «Rečenica».

- Znam ga po čuvenju, ali ga osobno ne poznajem.

- No, dobro, to nije ni važno. Hoću reći da sutra idem u

Zagreb jer me je Fabijan molio da mu najhitnije donesem jednu knjigu iz ljubljanske nacionalne biblioteke. Trebaju mu citati iz knjige, nešto za novo izdanje časopisa. Citat je našao u internetu, ali on misli da nije ispravan. Zato treba knjigu, želi ga usporediti. Ne želi da mu knjigu šaljem poštom jer će to trajati. Plaća mi i autobus i sve troškove samo da mu donesem knjigu. I onda sam se sjetio tebe.

- Mene?

- Da. Ti imaš dvije knjige koje si dobila od Senke, zar ne?

- Da, dala mi ih je na čitanje prije pola godine.

- Moja sestra pita da li si ih pročitala.

- Jesam, pročitala sam ih. Hoćeš ih uzeti?

- Da. Nije jako hitno, ali sam mislio – kad već idem u Zagreb, mogu ih uzeti.

- Da, nema problema. Ja sam kopirala dijelove koji su mi trebali.

- Koje su to knjige?

- Stare gramatike. Rasprodane knjige, ne mogu se više kupiti. Trebale su mi za jedan prijevod. Reci, kada putuješ?

- Autobus kreće u šest. Ima jedan i u sedam, ali ja bih rado da sam u Zagrebu ranije jer prekosutra imam puno posla. Sutra radim do četiri. Mogu doći poslije posla do tebe i uzeti knjige.

- Onda nećeš stići na autobus.

- Misliš?

- Ti trebaš od tvog posla do mene oko četrdeset minuta

i onda od mene do autobusnog kolodvora najmanje još četrdeset minuta.

- Ah, da, to sam potpuno zaboravio: ti živiš na selu.

Ja sam se nasmijala:

- Ja uživam u predgrađu. Uživam u prirodi. Ne gušim se u ljubljanskom smogu kao ti.

- Možeš onda ti donijeti knjige na autobusni kolodvor? Imaš vremena?

- Imam jedan sastanak u pola sedam navečer. Mogu ti ih donijeti, ali onda se moram požuriti.

- Znaš, ako ne vratim knjige, onda će se onaj gore na nebu jako ljutiti.

- Bog će se ljutiti na tebe?

- Da. A onda bih mogao poginuti na putu do Zagreba ...

- ... Poginuti? Zašto bi poginuo?

Vjeko se kiselo nasmijao:

- Tja...

- Ah, Vjeko, ti si mlad, imaš tek četrdeset tri godine. Još nisi zreo ni da se ženiš.

- Znam ja to, ali ne znam da li to ovaj gore zna ... Vidimo se onda sutra?

- Može.

- Dobro. U pet, onda. Pa ćemo na kratku kavicu.

2. VJEKO

Vjeko i ja se poznajemo već godinama. Njegova sestra Senka i ja smo išle u isti razred. Senka se ponosila svojim starijim bratom i uvijek se hvalila kako njezin brat zna najbolje plivati na školi – još kao dijete je išao na tečajeve plivanja i često je donosio trofeje sa školskih takmičenja. Kad smo bili pred pubertetom, Vjeko i ja smo se zaljubili jedno u drugo. Ta ljubav se tako manifestirala što smo išli četiri puta na sladoled, što smo rekli u razredu da smo cura i dečko i što smo zajedno išli iz škole kući. Put do naših kuća nije trajao dugo, možda desetak minuta jer je Vjeko stanovao samo malo dalje. Ali imali smo posebni status među djecom. Imati dečka, odnosno imati curu, to je bilo nešto posebno, nešto na čemu se zavidi.

U gimnazijskim danima Vjeko je bio u jednom rock bandu, svirao je bas gitaru. Band se zvao «Glava» i bio je jedno vrijeme čak i popularan u Zagrebu. Napravili su hit «Na auto-putu» i jedno se ljeto cijelo vrijeme vrtio na radiju. No to nije dugo trajalo jer su se momci međusobno posvađali i grupa se raspala. Ali ja sam rado bila na njihovim probama u Bobijevoj garaži. Za jednu pjesmu su mi dali tamburin pa sam i ja bila dio banda. No ta pjesma – «Kišna ljubav» - nije nikad javno izvođena, niti je snimljena, tako da sam ja ostala bez karijere kao muzičarka. Poslije su me zezali da sam ja bila razlog što se grupa raspala jer sam ja bila ta koja je bila «nova» u bandu.

Vjeko je poslije otišao studirati na muzičku akademiju, ali je bio prelijen za svakodnevno vježbanje pa je otišao na literaturu. Ja sam odmah krenula na literaturu tako da smo se poslije često viđali. Na kraju studija ja sam se počela baviti prevođenjem jer sam od djetinjstva dio ljeta provodila kod tete u Ljubljani i slovenski sam govorila bez akcenta. Za vrijeme studija, kad god sam imala slobodnog vremena, radila sam kod tete u njezinom malom hotelu. Vjeko je došao do Slovenije preko studija – on je bio asistent na katedri za komparativnu književnosti, ali kako nije imao velikih šansi da dođe do profesorskog mjesta, iskoristio je ponudu da radi kao asistent na Ljubljanskoj slavistici. Tamo su malo bolje plaćali asistente.

Za vrijeme studija u Zagrebu Vjeko i ja smo proveli jedno ljeto zajedno. Vjeko je naime volio voziti bicikl na duge staze tako da je jedne godine naše društvo odlučilo ići biciklima od Zagreba do Rijeke, a onda dalje sve do Zadra. I ja sam išla s njima jer je grupa obećala da će se voziti polako i s velikim pauzama. Bilo je to jako lijepo ljetovanje. Najljepše koje sam imala za vrijeme studija. Na kraju, u Zadru, Vjeko i ja smo bili zajedno. Bili smo zajedno kao par i poslije, još mjesec dana u Zagrebu. Ali onda smo prekinuli bez puno uzbuđenja i ostali smo prijatelji sve do današnjih dana.

3. O NOĆNOM POSJETITELJU

Vjeko i ja smo se našli drugi dan par minuta poslije pet. Otišli smo u obližnju gostionicu. Ja sam naručila kavu, a kad je Vjeko naručio konjak, začudila sam se.

- Vjeko, otkad ti piješ konjak?

- Počeo sam ovaj tjedan.

- Oh... Kako to?...

- Ah...

Vjeko je napravio pauzu.

- Da li se što dogodilo? – upitala sam.

- Dogodilo?... – čudno me je pogledao. – Ne, nije se ništa dogodilo... Ali moglo bi se dogoditi.

- Što bi se moglo dogoditi?

- Tja, putujem u Zagreb.

- I?

- Mogao bih... Mogao bih ne doći do njega. Poginuti usput. To nikad ne znaš.

Gledala sam ga par trenutaka:

- Da, mogao bi i poginuti. Ali nećeš poginuti. Uostalom,

poginuo ili ne, o tome čovjek ne treba razmišljati.

- Reci mi: kad bi ti netko rekao – sutra ćeš poginuti, da li bi o tome razmišljala?

- A tko bi mi to mogao reći? Tko bi mogao na ovom svijetu znati da li bih sutra mogla umrijeti?

- Kad bi sutra sve okolnosti bile pogodne da umreš, da li bi rekla da je to glupost ili bi o tome razmislila?

Odmahnula sam rukom:

- To je glupost. Svakim danom, u svakom trenutku okolnosti su pogodne da pogineš. Od nekog pijanog vozača, pokvarenog mesa, mogućeg meteorita ...

- Ne, ne mislim na to. Kad bi ti netko rekao da ćeš sutra umrijeti jer može predvidjeti nezgodne okolnosti...

- A tko može predvidjeti nezgodne okolnosti?

- Za vikend sam imao, znaš, čudnu posjet. Posjetio me je Bruno.

- Bruno?

- Bruno je bio naš susjed dok smo živjeli u Varaždinu. On je desetak godina stariji od mene. Otišao je studirati teologiju u Santiago de Chile, poslije je došao nazad u Europu, u Ljubljanu. Kad sam ja došao u Ljubljanu, vidjeli smo se tu i tamo. Popili smo kavu, pričali o familijama, par puta sam nosio neke stvari njegovima za Božić. Nikad si nismo bili previše dobri, malo je previše neobičan za moj ukus – kod njega čovjek ne zna o čemu misli, u razgovoru ponekad promijeni temu bez razloga, u pola rečenice.

- I za vikend si ga pozvao u goste?

- Ne, ne. Pojavio se kao grom iz vedra neba. Prošla je ponoć, ja sam se spremao na spavanje kad je on zazvonio na vrata. Razmišljao sam da li da uopće otvaram, nisam htio noćne posjete. Ali ipak sam otvorio. I on je stajao na vratima, obučen kao svećenik. Pomislio sam: «Zašto je obučen kao svećenik? Pa mi smo ipak prijatelji.» Imao je na sebi dugačku mantiju i oko vrata dugački šal. U ruci je držao malu posudu s vodom. Pitao sam ga odakle on. On je stajao mirno par trenutaka i onda rekao: «Vjeko, došao sam ti podijeliti posljednju pomast.»

- ... Molim?! ...

- Da, dobro si čula. Posljednju pomast.

- ... Ozbiljno?

- Zapravo nije tako rekao. Rekao je: popudbina. To je stručni termin: popudbina. «Vjeko, došao sam ti podijeliti popudbinu.»

- Nikad čula.

- To ti kažem jer si ti prevoditeljica, možda će ti ta riječ jednom trebati kod prevođenja.

- Nadam se da mi ta riječ neće trebati, Vjeko.

- Upitao sam ga što to treba značiti. On meni na to kaže da je to pomoć. Kakva pomoć, pitam ja. Pomoć u času smrti, da mogu uskrsnuti u Kristu u vječan život.

- ... Je li to neki vic?

- Ja sam mu rekao da hvala lijepo na vječnom životu, ali

da ja još nemam namjeru umrijeti. I da je s mojim zdravljem sve u redu, da sam već bio u krevetu jer imam zdrav san, ali da sam ustao i da sam otvorio vrata čak i u ovo doba noći jer nemam neprijatelja koji bi željeli moju smrt. On meni na to kaže mirno: sad je najbolji trenutak jer se posljednja pomast daje kad je čovjek pri svijesti, a ne u trenutku smrti. Sve što trebam jeste da se ispovjedim i da će me on blagosloviti. Tako ću moći lako podnijeti strah umiranja. Jer on zna da ću ja uskoro putovati. I taj put će biti moj zadnji put u ovom tijelu.

- Ma šališ se!

- Najozbiljnije.

- Ali ... Ali kako je znao da ćeš putovati?

- Nije mogao znati. Nisam ni ja znao da ću putovati. Tek jučer ujutro me je nazvao Fabijan. Nakon Brunina posjeta.

- Možda poznaje Fabijana.

- Sumnjam. On nema veze ni sa Zagrebom ni s literaturom.

- Je li bio pijan? ... Ili drogiran?

- Bruno nije bio nikad pijan u životu, a kamoli drogiran. I tada je izgledao kao što uvijek izgleda.

- I? Što si mu rekao?

- Ja sam mu rekao da neću nikuda putovati i da se nije trebao truditi i nepotrebno brinuti. On mi je rekao da to za njega nije trud, da je to njegova dužnost i da je zato i došao. I da ima sve što je potrebno za posljednju pomast. Gurnuo mi je posudu s vodom pod nos i rekao da je to već pripremljeno i blagoslovljeno na Veliki Četvrtak. Tad sam se jako naljutio. Rekao sam mu da mu je šala neslana i da ako nema pametnijeg posla, neka sebi nađe neku drugu zabavu. On je ljutito ponovio da se nije došao šaliti nego da je došao po dužnosti i neka konačno shvatim u kakvom sam položaju.

- Taj je za ludnicu!

- Ja sam znao da je on lud, ali da je u stanju tako nešto napraviti, to me je zaista iznenadilo. Još mi je rekao da mi je sad potrebno puno snage da prihvatim smrt i da odgađanje posljednje pomasti samo otežava moju situaciju. Ja sam mu na to rekao da nije normalan i neka smjesta ode.

- I?

- Otišao je. Još mi je rekao na odlasku: «Vjeko, putovat ćeš.»

- E, lud čovjek! To nije crni humor, to nije ni zloba, to je bolestan um! Taj čovjek je skrenuo.

- On je uvijek bio čudan. Kao mali, sjećam se, hvatao je miševe i htio ih je nama, djeci, prodavati jer nas je uvjeravao da su iznutra od čokolade. Neki klinci su čak i kupili te crkotine. Kad je njegov stari saznao što radi, istukao ga je kao vola u kupusu ... Poslije je skupljao čepove od piva i od njih izrađivao mozaike, slike Isusa. Govorio je kako će postati slavni umjetnik ikona.

- Očito da je potpuno pošašavio.

Vjeko je uzdahnuo:

- Valjda ...

- Valjda? ... Kako valjda? To može napraviti samo luđak.

- Znam, ali ... Ja danas zaista putujem.

Pogledala sam ga.

- Okolnosti su baš dobre za smrt. – rekao je Vjeko.

- Vjeko, nemoj biti morbidan! Pa nećeš valjda povjerovati u takvu glupost, bar si ti pametan čovjek.

- Tko je pametan kad je u pitanju odlazak? – rekao je suho.

- Gledaj. Ova autobusna linija je provjerena, vozači su profesionalci – sam si se mogao uvjeriti. Reci, koliko puta si se već vozio autobusom do Zagreba?

- Puno puta.

- I je li ikad bilo nesreća?

- Nije ... Ali uvijek postoji prvi put, zar ne? Prvi i zadnji put.

Nisam znala što da kažem.

On me je tužno gledao i šutio.

Onda je podigao glavu i gledao po prostoriji kao da traži sugovornika koji bi mu mogao reći nešto drugo. Nešto spasonosno. Gostionica je bila prazna. Otpio je konjak.

Ja sam otpila svoju kavu.

Što čovjek zna o smrti? Da se ona neće sutra dogoditi? Ili bar ne uskoro? Tko to može garantirati? Čovjek može biti uvjeren da se vjerojatno neće dogoditi. Ali vjerojatnost da se neće dogoditi znači da se ipak i može dogoditi.

4. IZNENADNI SUSRET

Dok smo pili naša pića i razmišljali, začuli smo glas iza nas:

- Vjeko? ...

Vjeko je podigao pogled i nasmijao se:

- Mijo! ... Jesi to ti?

Ugledala sam proćelavog čovjeka.

Vjeko je bio oduševljen:

- Mijo! ... Pa to si ti! ... Jesi li?

- Jesam, jesam! ...

Vjeko je ustao i njih dvojica su se srdačno zagrlila:

- Vjeko, kućo stara! Pa da te ovdje nađem! ... Što radiš ovdje?

- Hahahahaha, čekam tebe, Mijo. Što drugo? ... Mogao si se malo požuriti, znaš? A ne ovako, da te čekam godinama.

- A ja moram putovati da bih te vidio. Nisi u jednom gradu, nisi u drugom gradu, nisi u trećem gradu, nego ovdje. Daj se malo skrasi, Vjeko, prebrz si za svoje godine, hahahahahaha...

Vjeko mi je nasmijan rekao:

- Ovo je Mijo, moj najbolji prijatelj iz bakinog susjedstva, iz Varaždina. Nismo se vidjeli ima bar ... bar pet godina. Je li tako Mijo? Pet ili više?

- Da, pet godina, najmanje. - veselo je potvrdio ćelavko. – Dama je ...

- Moja prijateljica, Sandra.

Sjeli su za stol.

- Pa kako si ti ovdje došao? Što te donijelo u Ljubljanu?

- Kupovina. Auto-dijelovi i neke stvarčice za kuću. Došao sam ujutro i sad idem nazad busom u sedam.

- Pa kako si znao da sam ovdje, baš u ovoj gostionici?

- Tu u blizini stanuje prijatelj mojeg šogora kome sam trebao predati jedan paket. Čovjek nije bio doma pa sam htio popiti kavu, pričekati malo. I kao da nam je bog dogovorio sastanak.

Vjeko se kiselo nasmiješio:

- Da, Bog zna imati svoje planove.

- Eh, da nije njega, ne bismo se vidjeli.

- Misliš? – rekao je Vjeko.

- Naravno. – potvrdio je Mijo.

- E, Mijo, Mijo, koje iznenađenje ... To moramo zaliti. - mahnuo je konobarici.

Mlada konobarica se odmah pojavila:

- Prosim ...

- Konjak, prosim ... Mijo, šta ćeš ti? Sandra?

- Pa ako ti možeš konjak, onda mogu i ja. – rekao je Mijo.

- Ah, volim te kad si društven. – nasmijao se Vjeko. – Šta ćeš ti, Sandra?

- Ja ću sok od jabuke.

Mijo se umiješao:

- Ah, pa ne možeš nam kvariti prosjek. Bar mali konjak?

- Ne, ja ne pijem konjak, Mijo.

- Onda votku-juice?

- U ovo doba dana?

- Samo da možeš nazdraviti s nama.

Vjeko se umiješao:

- Mijo, nemoj tjerati ženu na ružne stvari. Ako želi sok od jabuka, onda sok od jabuka.

- Koje ružne stvari? Mi samo slavimo, ne radimo ružne stvari. – odgovorio je Mijo.

Ja sam se nasmijala:

- No dobro, može malu votku-juice.

5. TAJNA ŽELJA

Kad smo nazdravili, Mijo je upitao Vjeku:

- Vjeko, znači, to je Sandra?

- Da, to je Sandra. - rekao je Vjeko uz dozu neugode.

Bilo mi je neobično da to Mijo pita.

Mijo je dalje upitao:

- I? Jeste se konačno vjenčali?

Pitanje me je zbunilo:

- ... Vjenčali?

No Vjeko je ostao miran. Rekao je:

- Ne, nismo. Ostali smo prijatelji.

Upitala sam Vjeku:

- Vjeko, ne razumijem kontekst. Zar si ti mene htio oženiti?

Vjeko se nasmijao:

- Jesam. Ali te to nikad nisam pitao.

- ... Ali mi nismo nikad bili dugo zajedno. Samo jedno ljeto na studiju. I jednom kad smo bili djeca, ali to se ne broji.

- Ma znaš, ja nisam nikada htio da strast određuje moj brak. Ja sam konzervativan tip, htio sam oženiti ženu s kojom bih mogao ostati i kad prođe strast.

Sad sam bila još zbunjenija:

- Ali ti nisi nikad pokazivao ozbiljne namjere.

- Tebi nisam, ali sam o njima pričao Miji. A on to nije zaboravio.

Mijo se nasmijao:

- Kako bih? Ti si stalno pričao o jednostavnoj i finoj Sandri koju ćeš jednom oženiti.

Vjeki je sada postalo jako neugodno:

- Ah, Sandra, to je prošlo. Sada smo prijatelji i već sam zaboravio kako se prosi djevojka.

- Vjeko, ja nisam imala pojma.

- Otkud bi i imala? To nije bila tema između nas ... Samo moja želja.

- ... Ah, tako ...

Mijo je rekao:

- Nadam se da nisam nešto pogrešno rekao. Čujte, ja sam samo ...

Vjeko ga je prekinuo:

- Sve je u redu, Mijo, to je prošlo vrijeme. Sandra i ja smo jako zadovoljni što smo prijatelji. Zar ne, Sandra?

- Da. – potvrdila sam i dalje zbunjena.

- A kako tvoj ljubavni život, Mijo? – upitao je Vjeko.

- Odlično, hvala. Nikad bolje. Imam veliku novost – postao sam deda!

- Deda?! Pa ti imaš četrdeset godina.

- Četrdeset sedam godina. - ispravio ga je Mijo.

- Pa kako već djed? Ja znam da si se oženio mlad i da imaš kćerku, ali ona ima deset godina.

- Imala je deset godina prije deset godina, Vjeko. Vrijeme leti kao avion u padu. Marica ima dvadeset godina i rodila je sina prije dva mjeseca.

- Dvadeset godina? Pa kada prije, Mijo? Kod mene se sat ne vrti tako brzo kao kod tebe, hahahahaha...

- Da, kod vas u inozemstvu su satovi jako loši, hahahahaha ...

- Pa onda moramo nazdraviti! ... Kako se zove unuk?

- Bartol.

- Za Bartola! Živjeli!

- I za Maricu!

- Živjeli!

Popili smo po gutljaj, a Vjeko je nastavio brbljavo:

- Reci, Mijo, kad se Marica udala? Nisi zvao na svadbu.

- Nije se udala. Ona živi sa Žarkom već godinu dana i rekli su da se neće vjenčati.

- A tako ...

- Da. Ako se djeca vole, onda nije važno jesu li vjenčani ili nisu.

Mijo me je upitao:

- A ti Sandra, jesi ti udana?

- Ne, nisam udana. Ja sam, izgleda, ostala stara «frajla» ...

- Tako lijepa žena? Pa to moram ispraviti. - rekao je Mijo uz šarmantni osmijeh.

Vjeko se umiješao:

- Mijo, zar nisi ti oženjen?

- Više nisam. I to je novo. Postao sam momak.

- Hahahahaha, da, pravi momak i stari djed, sve u jednom, hahahaha ... Iznutra momak, izvana djed ... hahahaha ...

Ja sam rekla:

- Ali vrlo simpatični djed ...

- Onda nemaš ništa protiv da mi daš tvoj broj telefona? Odavde do Varaždina nema ni par sati vožnje.

Vjeko je ljutito pogledao Miju:

- A odavde do Zagreba ima još manje vožnje.

- Pa, Vjeko, ti si imao šansu kod Sandre pa si je prokockao. Sada dozvoli da ja pitam za broj telefona.

- Mijo, ti si nepouzdan, ti si se već ženio i brak ti je propao.

Mijo ga je ozbiljno pogledao:

- ... Propao? ... Možda je propao, ali ja sam bar pokušao. Sad znam kako to ide pa neću više praviti greške. Na greškama se čovjek uči.

Vjeko je šutio sekundu, a onda mi se okrenuo:

- Naravno, ako hoćeš, ti mu možeš dati broj telefona.

- Vjeko, to je zaista lijepo od tebe što mi dozvoljavaš da dajem moj telefonski broj drugim muškarcima. To je vrlo ljubazno od tebe.

- Da, ja sam vrlo ljubazan tip. Ja se volim brinuti o tebi.

- Da? Tek onda kada se netko drugi želi brinuti o meni?

Vjeko je šutio.

I Mijo je bio zbunjen.

Svi smo uzeli čaše u ruke.

Vjeko se okrenuo Miji:

- Znaš, Mijo, o kome sam pričao prije nego što si došao? O Bruni.

- O Bruni?

- Da, posjetio me je neki dan.

- Da. Kako je on sada?

- Pričali smo samo kratko, ja ga nisam pustio u stan jer je bio morbidan. Pričao je stalno o smrti.

- Ah, tako ... Nije čudo. Njegova mama mi je rekla da Bruno ima psihičkih problema. To mi je rekla naravno u povjerenju, ali ja znam da ti to nećeš nikome reći.

Okrenula sam se Vjeki i rekla:

- Eto, vidiš, Vjeko. Čovjek ima psihičkih problema.

Vjeko me je pogledao s olakšanjem. Ja sam se okrenula Miji:

- Bruno je pričao Vjeki o tome kako će Vjeko poginuti. I

bio je pri tome jako uvjerljiv.

- Ah, ne uzimaj ga ozbiljno. – rekao je Mijo. – On je skrenuo, to je sve.

I ja sam sad osjetila olakšanje. Bilo mi je žao što je jadan čovjek imao psihičkih problema, ali s druge strane bilo mi je drago da su njegove riječi izgubile uvjerljivost za Vjeku.

Popila sam piće i pogledala na sat:

- Deset je do šest, moram ići. A i ti moraš ići, Vjeko. Ovdje su knjige, zahvali se Senki u moje ime.

Ustala sam i pružila Miji ruku na pozdrav. On je ustao, poljubio mi ruku i rekao:

- Ovakvo šarmantno društvo mi je popravilo dan.

Onda je izvadio vizitkartu i pružio mi je:

- Ako imaš vremena za kavu, ja ti stojim na raspolaganju, u svako doba dana i noći ...

Nasmijala sam se:

- U svako doba dana i noći?

- Da. I to ne samo za kavu, nego za sve što ti padne na pamet ...

Vjeko se umiješao:

- Hajde, pusti ženu da ide. Nema ona vremena za dane i noći s tobom.

Vjeko me je otpratio do vrata gostionice. Pogledao me je tužno i rekao:

- E, pa, zbogom ... Nadam se da ću preživjeti ovaj put.

Oštro sam rekla:

- Kakve su to opet gluposti?!

On se nasmijao:

- ... No dobro, dobro ... Kako bi ljudi rekli: «Nemoj kaj zameriti.»

Gledala sam ga sekundu, a onda rekla:

- Gledaj, Vjeko. Ja nemam recept kako se trebamo ponašati s tom temom. Ali ja imam za tu svrhu pred očima popis ljudi koje sam voljela i koji su mene voljeli. To daje snagu. Na drugo ne mogu utjecati.

Vjeko me je upitao:

- Jesam i ja na toj listi?

- Naravno da jesi!

On me je pogledao kao dijete, pa rekao:

- Hvala ti ...

- Ali sutra ćeš me nazvati. Jasno?

- Hoću. Naravno.

- Onda je sve dogovoreno. Okolnosti nas se ne tiču.

- Da. Okolnosti nas se ne tiču.

6. TEŠKO JUTRO

Sutradan sam ustala vrlo rano, skuhala kavu i, dok se kava hladila, otvorila sam moj laptop. Sjela sam na terasu i listala elektronske novine. Polako sam otpijala gutljaj po gutljaj kave.

Na jednoj stranici bila je crna kronika i kad sam je otvorila, ugledala sam veliki naslov:

«Autobusna nesreća u blizini Ljubljane«.

Pljuvačka mi je zapela u grlu.

Grozničavo sam čitala:

«Noćas oko sedam sati lokalni autobus skrenuo s ceste. Troje mrtvih, dvoje povrijeđenih.» ...

Kakav autobus? ... Lokalni ... Nije međunarodni nego lokalni ... Znači, nije Vjekin ... Huh ...

Onda sam zastala.

Sad sam bila ljuta: ipak je taj glupi razgovor s Vjekom ostavio dojam na mene!

Potražila sam članke o ostalim saobraćajnim nesrećama. Bile su tri, ali nigdje nije sudjelovao autobus.

Duboko sam izdahnula.

Uzela sam kavu i otpila gutljaj.

U sljedećem trenutku palo mi je na pamet:

«Što ako se nesreća dogodila u Hrvatskoj, a ne u Sloveniji? ... Kod Zaprešića, odmah prije Zagreba. Tamo se često događaju nesreće.»

Otvorila sam hrvatske elektronske novine i potražila crnu kroniku. Ugledala sam veliki naslov:

«Teška saobraćajna nesreća kod Zaprešića – troje mrtvih.»

Ukočila sam se od straha.

Pročitala sam:

«U saobraćajnoj nesreći je sudjelovao autobus iz Ljubljane koji je vozio na redovnoj liniji Ljubljana – Zagreb. Na skretanju za Zagreb vozač autobusa je u zavoju izgubio kontrolu nad vozilom, autobus je izletio sa ceste i prevrnuo se na bok. Poginulo je troje odraslih, petoro ljudi je teško ozlijeđeno, a desetoro ljudi lakše. Nije poznat razlog zašto je došlo do saobraćajne nesreće. Istraga je u toku.»

Krv mi se sledila u žilama.

7. POTRAGA ZA VJEKOM

Uzela sam mobitel i stisnula broj Vjekine sestre u Zagrebu.

Nije se javila Senka nego njezina kćerka.

- Zdravo Matilda. Reci mi, je li mama kod kuće? ... Nije? ... A reci mi je li ujak Vjeko kod vas? ... Nije? ... A kad će se mama vratiti s tržnice? ... Hoćeš joj reći da me nazove kad se vrati? Moram je nešto važno pitati ...

Nakon deset minuta zazvonio je mobitel.

- Bok, Senka ... Da, dobro sam ... Znaš, imam jednu neugodnu vijest, koja još nije potvrđena, i nadam se da neće ni biti, ali ... Ne, ne radi se o meni, nego o Vjeki ... Ali reci mi prvo: je li Vjeko došao? ... Nije? ... Nisi znala da dolazi? Nije ti ništa rekao? ... Jučer navečer, busom u šest ... Trebao je odnijeti neku knjigu Fabijanu Ptičaru, a i ja sam mu dala knjige za tebe, one stare gramatike ... I znaš što sam upravo pročitala u novinama? Da je bila saobraćajna nesreća kod Zaprešića, autobus iz Ljubljane se prevrnuo, troje mrtvih ... Znam da je to malo histerično, ali ja sam to odmah povezala s Vjekinim autobusom ... Da, on je ušao u autobus. Prije toga smo popili još po piće, bio je i Mijo s nama ... Iz Varaždina ... Slučajno je došao, on se vraćao nazad u Varaždin ... Da li sam sigurna da je on bio u autobusu? ... Pa nisam vidjela svojim očima da je ušao u autobus jer sam otišla u deset do šest, ali vjerojatno je ušao u autobus ... Da, spomenuo je još jedan autobus u sedam. Ali nije htio ići na njega jer je htio biti u Zagrebu što prije ... Znam da je glupo, ali Vjeko je bio u prilično lošem stanju. Pričao je kako će poginuti u saobraćajnoj nesreći i bio je prilično uvjeren u to. Ja sam se, priznajem, uplašila i kad sam pročitala u novinama o saobraćajnoj nesreći, onda sam se tek uplašila ... Misliš da nije ni krenuo za Zagreb? ... Aha ... Nije prvi put da je odustao od putovanja? ... Onda dobro ... Ako tako misliš ... Pa da, imaš pravo ... Hoću, sad ću ga nazvati i provjeriti da li je kod kuće ... Dobro. Nisam htjela da te plašim, ali zbilja je zvučao fatalno ... Nazvat ćeš policiju? Da, to je dobro, treba provjeriti ... Naravno, ako je sve u redu, onda provjeri i kod Fabijana ... Dobro, čujemo se.

Stisnula sam Vjekin broj.

Pustila sam da dugo zvoni, ali nitko se nije javljao.

Nazvala sam još jedanput. Bez odgovora.

Nazvala sam i treći put.

I dalje nije bilo odgovora.

8. KRATKI RAZGOVOR S MLADENOM

Ubrzo je zazvonilo. Bila je to Senka.

- ... I? ... Policija još nema informacija? ... A kad će imati? ... Javit će? ... Vjeko nije bio ni kod Fabijana? ... Jako je ljut jer je čekao knjige? Da, i ja bih bila ljuta ... Da, jesam. Tri puta sam ga nazvala, ali ništa ... Ah, sad sam ti utjerala strah u kosti, zar ne? Oprosti, nije mi bila namjera ... Hoću, nazvat ću ga još jedanput ... Znaš koga bih još mogla nazvati? Mladena ... Mladena u Ljubljani ... Mladen stanuje u blizini kolodvora, oni su si jako dobri, možda je otišao do njega i tamo se zadržao ... Da, svakako, javit ću ti se ...

Stisnula sam Mladenov broj.

Dugo je zvonilo prije no što sam začula nervozan glas:

- ... Samo če je konec sveta! ... – čula sam na slovenskom.

- Prosim? ...

- Kdo je? – začula sam ljutiti odgovor.

- Sandra ovdje, oprosti Mladene što te budim, znam da nije tvoje vrijeme za ustajanje, ali samo mi reci da li je Vjeko kod tebe.

- Koji Vjeko?

- Tvoj bivši cimer – Vjeko ...

- Vjeko? ... Nema tu Vjeke.

- Ne mogu ga naći, pa sam mislila da je kod tebe. Jučer je putovao u Zagreb, ali ne znam da li je došao do Zagreba.

- ... Nego gdje bi došao? Do Londona?

Nasmijala sam se u neugodi:

- Čuj, neću te dalje smetati, vrati se u krevet ... I oprosti na smetnji.

Veza se prekinula bez pozdrava.

9. INFORMACIJA

«Pa gdje je?! ... »

Bila sam iznervirana. Ljutio me je moj strah, i ljutilo me je to što se pokazalo da je opravdan. Ljutilo me je i to što sam dopustila da povjerujem Vjekinoj priči o autobusnoj nesreći, o mogućoj smrti, o definitivnom odlasku. Ljutilo me je što nisam ništa znala o smrti. Kako se zapravo ona događa? Je li ona zbilja samo igra okolnosti, vlastita zbunjenost, i završetak, smrt koja se slučajno dogodi? A isto tako i ne mora se dogoditi. Ali se ipak dogodi ... Ja sam pobožna, ali nikada nisam razmišljala o smrti. Ta tema jednostavno nije bila aktuelna u mojim godinama. Ona je bila tema za puno stariju generaciju ... Da li je ludi Bruno zaista imao pravo? Da li čovjek treba biti uvijek pripreman?

Stisnula sam još jedanput Vjekin broj.

Pustila sam da zvoni.

Ali nije bilo odgovora.

Izvadila sam vizitkartu koju sam dobila od Mije. Ispod Mijinog imena je stajao broj mobitela i broj firme «Zoraplast».

Nazvala sam mobitel.

Nitko se nije javio. Uključila se automatska sekretarica. Ali ja nisam htjela ostaviti poruku. Nisam htjela i njega plašiti mojim strahom.

Onda sam stisnula broj u firmi.

Javio se ženski glas:

- Dobar dan, «Zoraplast», izvolite ...

- Sandra Jurić na telefonu. Molim vas, mogu dobiti Miju Pintarića?

- Gospodin Pintarić nije u firmi. Želite ostaviti poruku?

- Ja sam Mijina prijateljica. On se ne javlja na mobitel pa sam mislila da je možda u firmi.

- Ne, nije u firmi. Danas još nije dolazio u firmu.

- Oh, kako to? ...

- Ne znam. Vjerojatno ima neke poslove van firme.

- Ne znam kako da dođem do njega. Ne javlja se na mobitel, a ja ga hitno trebam.

- Hm ... Osim mobitela nema drugog načina da dođete do njega ... Jedino još možete nazvati njegovu kćerku.

- ... Maricu?

- Da. Možda je kod nje, ili možda ona zna gdje je. Možda je skočio do nje usput. On je jako ponosan što je postao djed pa sada koristi svaki moment da ide gledati unuka.

- Da, i meni je pričao o Bartolu.

- I vama? – nasmijala se žena. – Ovdje cijela firma zna

kada Bartol jede, kada spava, kad je budan i kad je rekao «deda». To naravno nije moguće – da Bartol govori jer ima samo dva mjeseca, ali ljubav je ljubav.

- Možete mi onda dati Maričin broj?

- Da, naravno ... Imate nešto za pisati?

- Imam. Recite!

- 095 3389 224.

- Ponovit ću: 095 3389 224.

- Da.

- ... Hvala. Molim vas, ako vidite Miju u međuvremenu, možete mu reći da mi se javi?

- Da, naravno.

- Recite samo: Sandra iz Ljubljane. On će znati.

- U redu, nema problema.

- Doviđenja i hvala još jednom.

- Nema na čemu, doviđenja.

10. O MIJI

Stisnula sam Maričin broj.

Javio se muški glas:

- Molim?

U pozadini se čuo plač bebe.

- Ovdje Sandra Jurić. Da li sam dobila broj Marice Pintarić?

- Jeste. Ali Marica sada ne može pričati, u poslu je. Ovdje Žarko. Mogu vam pomoći?

- Ja sam Mijina prijateljica i htjela sam pitati Maricu da li možda zna gdje je njezin otac. Ne mogu ga dobiti na mobitel, a u firmi su mi rekli da pitam kćerku. Kažu, Mijo često svraća do unuka.

Muškarac se nasmijao:

- Da, deda je svaki dan tu. Ali danas nije bio tu ... Samo malo.

Čula sam kako govori:

- Marice, je li deda bio danas tu?

- Nije ... Zašto?

- Pita njegova prijateljica.

Nakon pauze sam čula:

- ... Moj tata ima prijateljicu?

Poslije toga sam čula korake i onda ženski glas:

- Dobar dan, Marica ovdje.

- Dobar dan, ovdje Sandra Jurić.

- Trebate mog oca?

- Da. Je li možda znate gdje je?

- Ne, ne znam. Je li nešto hitno?

- Ne, nije tako hitno. Ne javlja se na mobitel pa vas zato zovem. Mislila sam – ako znate gdje je, super – ako ne znate, opet sve o.k. Htjela sam ga pitati nešto u vezi našeg zajedničkog prijatelja.

- Aha ... Ne, ne, danas nije dolazio do nas. Što ne znači da neće doći. Dolazi svaki dan. Jedino jučer nije došao, bio je u Ljubljani cijeli dan ... A vi već dugo poznajete mog oca? – glas je zvučao radoznalo.

- Ne, ne. Mi smo se jučer upoznali. Ja živim u Ljubljani i mi smo se upoznali na autobusnoj stanici prije nego što je Mijo išao na autobus.

- A tako ...

- No dobro. Ne želim vas dalje smetati ... Ako se Mijo pojavi, možete mu reći da mi se javi?

- Naravno ... Sandra, zar ne?

- Da, Sandra iz Ljubljane.

- Može.

- Hvala vam.

11. DALEKI GLAS

Još jednom sam nazvala Vjekin broj. Još uvijek sam se nadala da je Vjeko možda kod kuće.

Već kad sam htjela prekinuti vezu, začula sam bunovan ali poznat glas:

- ... Ha? ....

- Vjeko?

- ... Da?

- ... Pa dobro gdje si ti?! - gotovo sam vikala. - Cijelo te jutro tražim! Već sam mislila da si poginuo! Da ti se autobus prevrnuo, u što si me gotovo uvjerio. Znaš kako se Senka brine? Zašto se nisi nikom javljao?! ... Dobro, prestat ću vikati ... Pa vidiš da sam prestala vikati! ... Što? Napili ste se, ti i Mijo? ... I nisi otišao na autobus? ... Ni Mijo? ... Znači, nastavili ste piti, a mene si ostavio u uvjerenju kako ćeš poginuti? Pa fino, baš ti hvala! ... Gdje je sad Mijo? ... Spava blaženo na kauču?! ... Dobro, prestat ću! Ali izvoli odmah nazvati Senku i reći joj da si živ ... I da mi više nikad ne kažeš kad ćeš putovati u Zagreb! ... Da, brinula sam se za tebe. Pa valjda bi se i ti brinuo za mene kad bih ti rekla da ću sigurno poginuti! ... Ljuta? Nisam ljuta na tebe, drago mi je da si živ

... Boli te glava!? I treba te boljeti glava! Nadam se da te tako jako boli glava da ćeš umrijeti od bolova! ... Dobro, ispavaj se, ali prije obavezno nazovi sestru ... Bok ...

Pogledala sam u svoju hladnu kavu i još jednom u ovom jutru duboko izdahnula:

« ... Ah, koja kava! ... »

«... I koje iskustvo ... Tko bi rekao da se čovjek može jedno jutro probuditi i začuditi se o čemu mora razmišljati.»

Onda sam se sjetila moje bake. Bake koju sam jako voljela, ali koja je umrla da nitko nije znao zašto. Ja sam tada imala osam godina i moja mama mi nije mogla objasniti što se događa s bakom. Baka je polako umirala, a liječnici nisu znali zašto. Tek poslije se ustanovilo da se radilo o nekoj rijetkoj bolesti krvi za koju nije bilo lijeka. Ja sam dugo plakala kad sam čula da će ona umrijeti. Dva dana prije njezine smrti ja sam je pitala da li ona zna kako će to izgledati kad ona više neće moći disati. Pitala sam je kako će se ona onda osjećati i što će se onda dogoditi. Baka je kratko šutjela, a onda se nasmiješila i rekla da ona ne zna kako će to točno biti, ali da misli da će to biti kao vožnja autobusom u grad koji ne poznaje. Kad dođe u taj grad, onda će se ona već nekako snaći. Ona je u svakom slučaju već imala kartu za taj autobus. Kakva je to karta za autobus, upitala sam. To je posebna karta i na nju su napisana imena ljudi koje je ona voljela i koji su nju voljeli. Ta karta je slična plesnoj kartici. Davno prije, kad su bili jako popularni balovi, postojala je plesna kartica – u nju su se upisivali plesni partneri za određeni ples. Tako je i s kartom za autobus u nepoznati grad gdje se ne treba disati. Što je upisano više ljudi na toj karti, to je put do grada ugodniji. Jer se na putu u taj grad može dugo čitati i ne treba se razmišljati o gradu i o strahu i o tome što će se tamo dogoditi. To daje snagu, rekla je baka.

I sada sam se sjetila tih riječi.

I one su me sada smirile i učinile jutro ugodnije.

Otpila sam zadnji gutljaj kave, uzela stvari sa stola i krenula u kuhinju. Razmišljala sam o tome koje danas imam obaveze.

Pomislila sam također:

« ... Kad se Vjeko naspava, moram ga nazvati i razgovarati s njim. Još uvijek mi nije jasno zašto je on pričao Miji tako puno o meni ... »

I nekako sam bila sretna zbog takve budućnosti.

Vokabelliste

Abkürzungen:
abw. – abwertend
Akk. – Akkusativ
Dat. – Dativ
dial. – Dialekt
f – Feminin
inf. – Infinitiv
Lok. – Lokativ
m – Maskulin
n – Neutrum
N. – Nominativ
pl. – Plural
Sg. – Singular
Slo. – Slowenisch
umgs. – umgangssprachlich
voll. – vollendeter Verbaspekt
vul. – vulgär

A

auto-dijelovi (pl.) – Autoteile, Autozubehör

auto-put – Autobahn

automatska sekretarica – Anrufbeantworter

B

bakino susjedstvo – Nachbarschaft meiner Oma

bal, (pl.) balovi – Ball

bar – wenigstens

baš – (*Betonungswort*) eben, ja, dann

baviti se (ja se bavim) – sich befassen, sich beschäftigen

bez – ohne

bih → kako bih? – wie hätte ich das gemacht?

bivši, bivša (m/f) – ehemalig

blagoslovljen, blagoslovljena (m/f) – geweiht, gesegnet

blagosloviti (ja blagoslovim) *voll.* – den Segen sprechen, absegnen, einsegnen

blaženo – selig

blizina – Nähe; u blizini – in der Nähe

bog = Bog – Gott

bok, (pl.) bokovi – Hüfte; Seite; auto se prevrnuo na bok – Auto hat sich seitlich überschlagen

bol, (pl.) bolovi – Schmerzen

bolest (f) – Krankheit

bolestan, bolesna (m/f) – krank

boljeti (ja bolim) – schmerzen; boli te glava? – hast du Kopfschmerzen?

brak – Ehe

brbljavo – geschwätzig

brinuti se (ja se brinem) – sich sorgen; sich kümmern

broj – Nummer; Zahl

brojati (ja brojim) – zählen; to se ne broji – das zählt nicht

budan, budna (m/f) – wach

buditi (ja budim) – wecken

budućnost – Zukunft

bunovan, bunovna (m/f) – schläfrig

C

cesta – Straße, Weg, Fahrbahn

cimer (*umgs.*) – Zimmerkamerad

citat – Zitat

crkotina – Aas

crna kronika – Zeitungschronik mit Informationen über tägliche Unfälle, schwarze Chronik

cura – Freundin (*Liebesbeziehung*)

Č

čak – sogar

čas – Augenblick; čas smrti – Todesaugenblick

čaša – Glas

časopis – Zeitschrift

če (*Slo.*) – ako; samo če je konec sveta (*Slo.*) – nur wenn es um den Weltuntergang geht

čekati (ja čekam) – warten

čemu → o čemu – worüber

čep, (pl.) čepovi – Flaschenverschluss aus Korken

čovjek – Mensch; man

čudan, čudna (m/f) – seltsam, komisch

čudo – Wunder; nije čudo – kein Wunder

Čujemo se! – Wir hören uns!

Čujte! – Hört!

čuvenje → po čuvenju – vom Hören

Ć

ćelavko (*umgs.*) – Glatzkopf

D

daje se – wird gegeben

dala – gegeben; (inf.) dati (ja dadem *oder* ja dam) *voll.* – geben

dalje – weiter

dama – Dame

današnji (m) – heutig; do današnjih dana – bis zum heutigen Tag

davati (ja dajem) – geben

davno – damals; davno prije – vor langer Zeit

dečko – Freund (*Liebesbeziehung*)

deda (*umgs.*) – Opa

desetak – ca. 10

desetoro – zehn Menschen

dijelovi (pl.) – Teile; N Sg. dio – Teil

dio – Teil

disati (ja dišem) – atmen

djetinjstvo – Kindheit

djevojka – junge Frau

doba – Zeit; u ovo doba dana – zu dieser Tageszeit; u svako doba dana i noći – Tag und Nacht; u ovo doba noći – zu dieser Nachtzeit

dobiti (ja dobijem) *voll.* – bekommen

doći (ja dođem) *voll.* – ankommen

dođe – er kommt; (inf.) doći (ja dođem) *voll.* – ankommen

dogoditi se (ja se dogodim) *voll.* – sich ereignen, passieren

dogovoreno – abgemacht

dogovoriti (ja dogovorim) *voll.* – abmachen; dogovoriti sastanak – sich verabreden

dojam – Eindruck; ostaviti dojam – Eindruck hinterlassen

dok – während

doma (*umgs.*) – zu Hause; nach Hause

donijeti (ja donesem) *voll.* – bringen, mitbringen

donositi (ja donosim) – bringen, mitbringen

dopustiti (ja dopustim) *voll.* – zulassen, erlauben

dosadan, dasadna (m/f) – langweilig

doza – Dose

Dozvoli! – Erlaube! Lass es zu!

dozvoliti (ja dozvolim) *voll.* – erlauben, zulassen

dozvoljavati (ja dozvoljavam) – erlauben, zulassen

drago → bilo mi je drago – es hat mich gefreut

drogiran, drogirana (m/f) – auf Drogen sein, *gedopt*

drugo – anders; Što drugo? – Was sonst?

društven, društvena (m/f) – gesellig

društvo – Gesellschaft, Clique

duboko – tief

dužnost – Pflicht; po dužnosti – dienstlich

dvoje – zwei Menschen

dvojica – zwei Männer

E

E! – Ach!

Eto! – Na bitte!

F

fatalno – fatal

fin, fina (m/f) – fein

frajla (*umgs.*, *abw.*) – ältere unverheiratete Frau

G

garaža – Garage

garantirati (ja garantiram) – garantieren

glas – Stimme; ženski glas – Frauenstimme

glava – Kopf; direktno u glavu (*umgs.*) – etwas direkt sagen oder fragen

Gledaj! – Schau mal!

glup, glupa (m/f) – blöd, dumm

glupost – Blödsinn

god → kad god sam imala vremena – immer wenn ich Zeit hatte

godina – Jahr; za svoje godine – für dein Alter; u mojim godinama – in meinem Alter

godinama – jahrelang

gore – oben

gostionica – Gasthaus

gotovo – beinahe

greška – Fehler; praviti greške – Fehler machen

grlo – Hals; pljuvačka mi je zapela u grlu – mir ist die Spucke weggeblieben

grom – Blitz; kao grom iz vedra neba (*Phrase*) – wie aus heiterem Himmel

grozničavo – fieberhaft

gurnuti (ja gurnem) *voll.* – schieben; gurnuti pod nos – unter die Nase schieben

gušiti se (ja se gušim) – ersticken

gutljaj – Schluck; gutljaj po gutljaj – schluckweise

H

Hajde! – Na komm!

histerično – hysterisch

hitno – prompt, unverzüglich

hladiti se (ja se hladim) – kalt werden

hvaliti se (ja se hvalim) – prahlen, angeben

hvatati (ja hvatam) – fangen

I

i – i = sowohl – als auch

igra – Spiel

ikada – jemals

ikona – Ikone

ime – Name; ispod imena – unter dem Namen

ime, (pl.) imena – Name

inozemstvo – Ausland

ipak – jedoch

iskoristiti (ja iskoristim) *voll.* – ausnutzen, nutzen

iskustvo – Erfahrung

ispavati se (ja se ispavam) *voll.* – sich ausschlafen; Ispavaj se! – Schlaf dich aus!

ispovjediti se (ja se ispovjedim) *voll.* – beichten

ispravan, ispravna (m/f) – richtig

ispraviti (ja ispravim) *voll.* – korrigieren

istraga – Ermittlung

istukao – verprügelt; (inf.) istući (ja istučem) *voll.* – verprügeln

izdanje – Ausgabe

izgubiti (ja izgubim) *voll.* – verlieren

izletjeti (ja izletim) *voll.* – ausfliegen; izletjeti s ceste – von der Straße abkommen

iznenadan, iznenadna (m/f) – unerwartet

iznenađenje – Überraschung

iznenaditi (ja iznenadim) *voll.* – überraschen

iznerviran, iznervirana (m/f) – genervt

iznutra – von innen

izrađivati (ja izrađujem) – machen, basteln

izvaditi (ja izvedim) *voll.* – heraus nehmen, heraus holen

izvana – von außen

Izvoli! – Bitte schön!; Izvoli odmah nazvati! – (*ironisch*) Du sollst, bitte schön, gleich anrufen!

J

jadan, jadna (m/f) – arm, bedauernswert

javiti se (ja se javim) *voll.* – sich melden

javljati se (ja se javljam) – sich melden

javno – öffentlich; javno izvođena (f) – öffentlich ausgestrahlt

je – ist; (*Akk. Sg.*) sie

jedino – einzig, nur

jedno – eins; sve u jednom – alles in einem

jednom – einmal

jednostavan, jednostavna (m/f) – einfach

jednostavno – einfach

još – noch

jutro – Morgen

K

kaj (*dial.*) = što; Nemoj kaj zameriti. (*dial.*) = Nemoj ništa zamjeriti. – Nichts für Ungut. Nimm´s mir nicht übel.

kakav, kakva, kakvo (m/f/n) – was für ein (*Eigenschaft*)

kamoli – geschweige

kao – als ob

kao – wie (*vergleichend*); kao mali – als ich klein war

kasno – spat

kavica (*umgs.*) – Kaffee; ići na kratku kavicu (*umgs.*) – sich zum Kaffee kurz treffen

kažem – ich sage; (inf.) kazati (ja kažem) – sagen

kdo (*Slo.*) – wer; kdo je? (Slo.) – wer ist da?

kiselo – bitter; sauer

kišna ljubav – regnerische Liebe

klinci (*umgs.*) – Kinder

književnost – Literatur

kojeg – (*Akk.*) welchen

kome – wem

komparativna književnost – vergleichende Literatur

konačno – endlich

konec (*Slo.*) – Ende; samo če je konec sveta (*Slo.*) – nur wenn es um den Weltuntergang geht

kopirati (ja kopiram) – kopieren

korak – Schritt

koristiti (ja koristim) – benutzen, verwenden; koristiti svaki moment – jede Gelegenheit nutzen

kraj – Ende; na kraju – am Ende

kratki, kratka (m/f) – kurz

kreće – er fährt ab; (inf.) kretati (ja krećem) – abfahren

krenuti (ja krenem) *voll.* – losfahren, losgehen, loslegen

krevet – Bett

Krist – Christ

krv – Blut

kuća – Haus; Kućo stara! (*umgs.*) – Du, altes Haus!

kućni broj – Festnetz Nummer

kupiti (ja kupim) *voll.* – kaufen

kupovina – Einkaufen, Einkauf

kupus – Kraut; istući koga kao vola u kupusu (*Phrase*) – jemanden windelweich schlagen

kvariti (ja kvarim) – kaputt machen, verderben; kvariti prosjek (*umgs.*) - Spielverderber sein, «den Durchschnitt verschlechtern»

L

lako – leicht, einfach

lakše – leichter

leti – fliegt; (inf.) letjeti (ja letim) – fliegen

lijek, (pl.) lijekovi – Medikament, Arzneimittel

lista – List

listati (ja listam) – blättern

literatura – Literatur

lud, luda (m/f) – verrückt

luđak – Wahnsinniger, Irrer

ludnica (*umgs.*) – Irrenhaus

LJ

ljetovanje – Sommerurlaub

ljubavni život – Liebesleben

ljubazno – nett

ljudi – Menschen, Leute

ljut, ljuta (m/f) – böse, verärgert

ljutiti se (ja se ljutim) – sich ärgern

ljutito – ärgerlich, verärgert

M

ma – (*Betonungswort*) aber, denn, ja

mahnuti (ja mahnem) – mit der Hand winken

mali – Kleiner; kao mali – als ich klein war

manje – weniger

mantija – Talar

me – mich

međunarodni – international

međusobno – untereinander

međuvremenu → u međuvremenu – in der Zwischenzeit

mene – mich

mi – wir; mir

mirno – ruhig

miš, (pl.) miševi – Maus

misliti (ja mislim) – denken; glauben

mjesec dana – einen Monat lang

mjesto – Stelle

moći – ich kann; (inf.) moći (ja mogu) – können

mogući, moguća (m/f) – möglich

moliti (ja molim) – bitten

momci (*pl.*) – Burschen; N. Sg. momak – unverheirateter junger Mann, Junggeselle

morbidan – morbid

mrtvi (pl.) – tote Menschen

mu – ihm

muškarac – Mann

N

naći (ja nađem) *voll.* – finden

način – Weise; nema drugog načina – es gibt keine Alternative / keinen anderen Weg

nad = iznad – über; izgubiti kontrolu nad vozilom – Kontrolle über das Fahrzeug verlieren

nadati se (ja se nadam) – hoffen

nađem – ich (vor)finde; (inf.) naći (ja nađem) *voll.* – (vor) finden

naime – nämlich

najbolji – bestens, am besten

najhitnije – am schnellsten, am promptesten

najljepši, najljepše (m/f) – der/die schönste

najmanje – am wenigsten, wenigstens

Najozbiljnije! – Das meine ich völlig ernst!

nakon – nach, nachdem

naljutiti se (ja se naljutim) *voll.* – böse werden

nama – (*Dat.*) uns

namjera – Absicht

napisan, napisana (m/f) – geschrieben

napiti se (ja se napijem) *voll.* – sich betrinken

napraviti (ja napravim) *voll.* – machen

naručiti (ja naručim) *voll.* – bestellen

naslov – Titel

nasmijan, nasmijana (m/f) – lachend

nasmijati se (ja se nasmijem) *voll.* – lachen

naspavati se (ja se naspavam) *voll.* – sich auschlafen

nastaviti (ja nastavim) *voll.* – fortsetzen

navečer – am Abend

nazad – zurück

nazdraviti (ja nazdravim) *voll.* – prosten

nazvati (ja nazovem) *voll.* – anrufen

Ne uzimaj ga ozbiljno! – Nimm ihn nicht ernst!

nebo – Himmel; kao grom iz vedra neba (*Phrase*) – wie aus heiterem Himmel

Neka nađe drugu zabavu! – Er soll sich eine andere Beschäftigung suchen!

Neka sada ode! – Er soll jetzt gehen!

nekako – irgendwie

neke (f. pl.) – irgendwelche

neki, neka (m/f) – mancher, manche; irgendein, irgendeine

neobično – ungewöhlich, komisch

nepotrebno – unnötig

nepouzdan, nepouzdana (m/f) – unverlässlich

nepoznat, nepoznata (m/f) – unbekannt

neprijatelj – Feind

neslan, neslana (m/f) – salzfrei; neslana šala – geschmackloser Scherz

nesreća – Unglück; autobusna nesreća – Busunfall

neugoda – Unbehagen

neugodan, neugodna (m/f) – unbehaglich

nezgodan, nezgodna (m/f) – unangenehm

ni – auch nicht

ni – ni = weder – noch

nigdje – nirgendwo

nikad – nie, niemals; nikad čula – (ich habe es) nie gehört

nikome – niemandem

nikuda – nirgendwohin

niti – auch nicht

no – (*Betonungswort*) ja, dann, aber

noćas – heute in der Nacht

noćna – nächtlich

nos – Nase; gurnuti pod nos – unter die Nase schieben

nositi (ja nosim) – tragen; bringen

novine – Zeitung

novost – Neuigkeit

NJ

njega – ihn; da nije njega – wenn es ihn nicht gegeben hätte

njegovi (*umgs.*) = Seinige, seine Familie

nju – (*Akk.*) sie

O

o – über

o kome (*Lok.*) – über wen

obaveza – Verpflichtung

obavezno – unbedingt

obećati (ja obećam) *voll.* – versprechen

objasniti (ja objasnim) *voll.* – erklären

obližnja (f) – nahegelegen

obučen, obučena (m/f) – angezogen

oči (pl.) – Augen

očito – offensichtlich

odavde – von hier

odgađanje – Aufschiebung, Aufschub

odgovor – Antwort

odlazak – Abreise; Abschied; o odlasku – über die Abreise/ Abschied

odlučiti (ja odlučim) *voll.* – beschließen

odmah – gleich

odmahnuti (ja odmahnem) *voll.* – abwinken; odmahnuti rukom – mit der Hand winken

odnijeti (ja odnesem) *voll.* – bringen, wegbringen

odrasli (pl.) – Erwachsene

određen, određena (m/f) – bestimmt

određivati (ja određujem) – bestimmen

odsutno – abwesend

oduševljen, oduševljena (m/f) – begeistert

odustati (ja odustanem) *voll.* – aufgeben, absehen

okolnost – Umstand

okrenuti se (ja se okrenem) *voll.* – sich umdrehen

olakšanje – Erleichterung

onaj – derjenige

opet – wieder; opet sve o.k. – auch alles o.k.

opravdan, opravdana (m/f) – berechtigt

osim – außer

osobno – persönlich

ostali (m. pl.) – die anderen

ostati (ja ostanem) *voll.* – bleiben

ostaviti (ostavim) *voll.* – lassen, hinterlassen; ostaviti dojam – Eindruck hinterlassen

oštro – scharf

otežavati (ja otežavam) – erschweren

otišao – gegangen; (inf.) otići (ja odem) *voll.* – (weg)gehen

otkad – seit wann

otkud – woher

otpiti (ja otpijem) *voll.* – nippen

otpratiti (ja otpratim) *voll.* – begleiten

otvarati (ja otvaram) – öffnen, aufmachen

otvoriti (ja otvorim) *voll.* – öffnen, aufmachen

ovako – auf diese Art und Weise

ovakvo – so ein; ovakvo društvo – eine solche Gesellschaft

ozbiljan, ozbiljna (m/f) – ernsthaft

ozbiljno – ernsthaft; wirklich

ozlijeđen, ozlijeđena (m/f) – verletzt

oženiti (ja oženim) *voll.* – heiraten (Mann)

oženjen – verheiratet (Mann)

P

pa – (*Betonungswort*) ja, aber, aber, dann

pad – Sturz

padne – er/sie fällt; (inf.) pasti (ja padnem) *voll.* – fallen; sve što ti padne na pamet – alles was dir einfällt

pametan, pametna (m/f) – klug, gescheit

pametniji (m) – klüger, gescheiter; imati/nemati pametnijeg posla – etwas/nichts Besseres zu tun haben

par – paar; Paar

par puta – ein paar Male

petoro – fünf Menschen

piće – Getränk

pijan, pijana (m/f) – betrunken

pitanje – Frage; tko je pametan kad je u pitanju odlazak – wer soll dabei vernünftig sein, wenn es um die Abreise/ Abschied geht

plač – Weinen; plač bebe – Weinen eines Babys

plaća – er zahlt; (inf.) plaćati (ja plaćam) – zahlen, bezahlen

plaćati (ja plaćam) – bezahlen

plakati (ja plačem) – weinen

plan, (pl.) planovi – Plan

plašiti (ja plašim) – sich fürchten

plesna kartica – Tanzkarte

plesni partner – Tanzpartner

plivati (ja plivam) – schwimmen

pljuvačka – Speichel

pobožna (f) – gläubig

početi (ja počnem) *voll.* – anfangen

podigao – gehoben; (inf.) podići (ja podignem) *voll.* – heben

podignuti (ja podignem) *voll.* – heben

poginuti (ja poginem) *voll.* – ums Leben kommen

pogledati (ja pogledam) *voll.* – anschauen, einen Blick werfen

pogodan, pogodna (m/f) – geeignet

pogrešno – falsch

pojam – Begriff; ja nisam imala pojma – ich hatte keine Ahnung

pojaviti se (ja se pojavim) *voll.* – erscheinen

pokazivati (ja pokazujem) – zeigen

pokvaren, pokvarena (m/f) – verdorben

polako – langsam

poljubiti (ja poljubim) *voll.* – küssen

položaj – Lage, Situation

pomoć – Hilfe

ponašati se (ja se ponašam) – sich verhalten

ponosan, ponosna (m/f) – stolz

ponositi se (ja se ponosim) – stolz sein

ponoviti (ja ponovim) *voll.* – wiederholen

ponuda – Angebot

popis – Liste

popiti (ja popijem) *voll.* – trinken

popraviti (ja popravim) *voll.* – reparieren; popraviti dan – den Tag besser machen

popudbina = posljednja pomast – Wegzehrung, Sterbekommunion

poruka – Nachricht

pošašaviti (ja pošašavim) *voll. umgs.* – verrückt werden

posjet (m) = posjeta (f) – Besuch

posljednja pomast – Wegzehrung

poslovi (pl.) – Angelegenheiten

poslu → ona je u poslu – sie hat zu tun

postati (ja postanem) *voll.* – werden

postojati (ja postojim) – existieren, geben

posuda – Gefäß

posvađati se (ja se posvađam) *voll.* – sich (zer)streiten

potpuno – völlig

potraga – Suche

potražiti (ja potražim) *voll.* – aufsuchen, suchen

potrebno – nötig, benötigt; sve potrebno – alles Nötige

potvrđen, potvrđena (m/f) – bestätigt

potvrditi (ja potvrdim) *voll.* – bestätigen

povezati (ja povežem) *voll.* – in Verbindung bringen

povjerenje – Vertrauen; reći nešto u povjerenju – etwas im Vertrauen sagen

povjerovati (ja povjerujem) *voll.* – glauben

povrijeđen – Verletzter

pozadina – Hintergrund

pozdrav – Gruß; pružiti ruku na pozdrav – Hand zur Begrüßung ausstrecken

poznat – bekannt

poznati (ja poznajem) *voll.* – kennen

poznavati (ja poznajem) – kennen

poznavati se (ja se poznajem) – sich kennen

požuriti se (ja se požurim) *voll.* – sich beeilen

pozvati (ja pozovem) *voll.* – einladen; pozvati u goste – zu Besuch einladen

pravi, prava (m/f) – richtig

prazan, prazna (m/f) – leer

prebrz, prebrza (m/f) – zu schnell

pred = ispred – vor, vorne

predati (ja predam) *voll.* – aushändigen

predgrađe – Vorstadt

predvidjeti (ja predvidim) *voll.* – voraussehen

prekinut – unterbrochen

prekinuti (ja prekinem) *voll.* – Schluss machen; unterbrechen prekosutra – übermorgen

prelijen, prelijena (m/f) – zu faul

previše – zu viel; nismo si bili previše dobri – wir waren nicht eng befreundet

prevođenje – Übersetzen

prevoditeljica – Übersetzerin

prevrnuti se (ja se prevrnem) *voll.* – umschlagen, sich überschlagen

preživjeti (ja preživim) *voll.* – überleben

pri = kod – bei; pri svijesti – bei Bewusst sein

pri tome – dabei

priča – Geschichte

pričati (ja pričam) – plaudern, sich unterhalten

pričekati (ja pričekam) *voll.* – abwarten

prihvatiti (ja prihvatim) *voll.* – akzeptieren, annehmen

prije – vorher, vor; što prije – so schnell wie möglich

prije nego – bevor

prijevod – Übersetzung

prilično – ziemlich

pripreman, pripremna (m/f) – vorbereitet

pripremljeno – vorbereitet

priroda – Natur

priznavati (ja priznajem) – zugeben

proba – Probe

probuditi se (ja se probudim) *voll.* – aufwachen, aufwecken

proćelav (m) – Mann mit schütterem Haar

pročitati (ja pročitam) *voll.* – (fertig) lesen

prodavati (ja prodajem) – verkaufen

prođe – er/sie geht vorbei; (inf.) proći (ja prođem) *voll.* – vorbeigehen

prokockati (ja prokockam) *voll.* – verspielen; prokockati šansu – die Chance verspielen

promijeniti (ja promijenim) *voll.* – wechseln

propasti (ja propadnem) *voll.* – scheitern

prosim (*Slo.*) – ich bitte

prositi (ja prosim) – um die Hand anhalten

prosjek – Durchschnitt

prošla – vergangen; (inf.) proći (ja prođem) *voll.* – vergehen, vorbeigehen; prošla je ponoć – Die Mitternacht war um.

prošlo – vergangen; prošlo vrijeme – vergangene Zeit

prostorija – Raum

provjeren, provjerena (m/f) – geprüft, verlässlich

provjeriti (ja provjerim) *voll.* – prüfen, nachprüfen

provoditi (ja provodim) – verbringen

pružiti (ja pružim) *voll.* – ausstrecken; pružiti ruku na pozdrav – Hand zur Begrüßung ausstrecken

prvo – zuerst, vorerst

Pusti! – Lass es!

pustiti (ja pustim) *voll.* – lassen

put – Mal; prvi i zadnji put – das erste und das letzte Mal; ovaj put – dieses Mal; Koliko puta – Wie viele Male?

put – Weg; Reise

putovati (ja putujem) – reisen

R

raditi (ja radim) – arbeiten; machen

raditi se (ja se radim) – sich handeln (von)

rado – gerne

radoznalo – neugierig

ranije – früher

rano – früh

raspasti se (ja se raspadnem) *voll.* – auseinandergehen, auseinanderfallen

raspolaganje – Verfügung; Stojim ti na raspolaganju. – Ich stehe dir zur Verfügung.

rasprodan, rasprodana (m/f) – ausverkauft

razgovor – Gespräch

razlog – Ursache, Grund

razmisliti (ja razmislim) *voll.* – nachdenken

razmišljati (ja razmišljam) – nachdenken

rečenica – Satz (*im Text*)

recept – Rezept

reći – sagen

Reci mi! – Sag mir!; Reci! – Sag!

red – Ordnung; u redu – in Ordnung

redovna linija – reguläre (Bus)Linie, reguläre Fahrt

riječ – Wort

rijetka (f) – selten

roditi (ja rodim) *voll.* – gebären

ružan, ružna (m/f) – häßlich

S

sa = s – mit; von

sam – bin; (m) selbst

san, (pl.) snovi – Traum

saobraćajna nesreća – Verkehrsunfall

sastanak – Verabredung, Termin

sat – Uhr; Stunde; Zeit

saznati (ja saznam) *voll.* – erfahren

shvatiti (ja shvatim) *voll.* – verstehen

sjećati se (ja se sjećam) – sich erinnern

sjesti (ja sjednem) *voll.* – sich setzen

sjetiti se (ja se sjetim) *voll.* – sich erinnern, einfallen

sklapati (ja sklapam) – zumachen, zuklappen

skočiti (ja skočim) *voll.* – springen; skočiti do nje usput – unterwegs sie besuchen skrasiti se (ja se skrasim) *voll.* – sesshaft werden, zur Ruhe kommen; Daj se malo skrasi! – Komm endlich zur Ruhe!

skrenuti (ja skrenem) *voll.* – biegen; *umgs.* – verrückt werden

skretanje – Abbiegung

skuhati (ja skuham) *voll.* – kochen, zubereiten

skupljati (ja skupljam) – sammeln

slavan, slavna (m/f) – berühmt

slaviti (ja slavim) – feiern

slediti se (ja se sledim) *voll.* – gefrieren; (nekome) se sledi krv u žilama (*Phrase*) – (jemandem) gefriert das Blut in den Adern

sličan, slična (m/f) – ähnlich

slika – Bild

sljedeći, sljedeća (m/f) – kommend, nächst

slobodan, slobodna (m/f) – frei

slovenski – Slowenisch

slučaj – Fall; u svakom slučaju – in jedem Fall

slučajno – zufällig

smetanje – Störung

smetati (ja smetam) – stören

smjesta – sofort, gleich

smrt – Tod

snaći se (ja se snađem) *voll.* – zurecht kommen

snaga – Kraft

snimljen, snimljena (m/f) – aufgenommen

spasonosno – rettend, Rettendes

spavati (ja spavam) – schlafen

spomenuti (ja spomenem) *voll.* – erwähnen

spreman, spremna (m/f) – bereit, fertig

spremati se (ja se spremam) – sich vorbereiten; spremati se za spavanje – sich fürs Schlafen vorbereiten

spriječiti (ja spriječim) *voll.* – verhindern

srdačno – herzlich

sretan, sretna (m/f) – glücklich

stajao – gestanden; (inf.) stajati (ja stojim) – stehen

stalno – ständig, andauernd

stanje – Zustand; biti u stanju nešto napraviti – in der Lage zu sein etwas zu machen

stanovati (ja stanujem) – wohnen

stari (*umgs.*) – der Alte, Vater

staza – Pfad; Strecke; duge staze – Langstrecke

stići (ja stignem) *voll.* – schaffen; rechtzeitig kommen

stisnuti (ja stisnem) *voll.* – drücken

strah – Angst; ukočiti se od straha – vor Angst erstarren

strana – Seite; s druge strane – andererseits

stranica – Seite

strast – Leidenschaft

stručni – fachlich; stručni termin – Fachbegriff

stvarčica = mala stvar – Kleinigkeit

sudjelovati (ja sudjelujem) – teilnehmen

sugovornik – Gesprächspartner

suho – trocken

sumnjati (ja sumnjam) – zweifeln

susjedstvo – Nachbarschaft

susret – Begegnung

sutradan – morgen

svadba – Hochzeit, Hochzeitsfest

svakako – allerdings

svakodnevno – täglich

sve – alles; dalje sve do Zadra – weiter bis nach Zadar

svećenik – Geistlicher, Priester

svećenička (f) – von Priester

svet (*Slo.*) – Welt; samo če je konec sveta (*Slo.*) – nur wenn es um den Weltuntergang geht

svijest – Bewusstsein; pri svijesti – bei Bewusstsein

svoj, svoja, svoje (m/f/n) – eigen

svraćati (ja svraćam) – vorbeikommen

svrha – Zweck

Š

šaliti se (ja se šalim) – scherzen

šaljem – ich schicke; (inf.) slati (ja šaljem) – schicken

šansa – Chance

šogor – Schwager

šta (*umgs.*) = što – was; dass

što = nešto – etwas

šutio – geschwiegen; (inf.) šutjeti (ja šutim) – schweigen

T

ta – diese; diejenige

taj, ta, to – dieser, diese, dieses

tajna (f) – geheim (*maskulin*: tajan); tajna želja – geheimer Wunsch

takmičenje – Wettbewerb

te – (pl.) diese

te – dich

tebi – dir

tečaj, (pl.) tečajevi – Kurs

tek – erst

tek (onda) – erst (dann)

teško – schwer

ti – du; dir

tiču → ticati se – sich angehen; okolnosti nas se ne tiču – Umstände gehen uns nichts an tijelo – Körper

tjerati (ja tjeram) – treiben

točno – richtig, genau

tok → u toku – im Laufe

tražiti (ja tražim) – suchen, aufsuchen

trenutak – Augenblick

trofej – Trophäe

troje – drei Menschen

trošak, (pl.) troškovi – Spesen, Ausgaben

trud – Mühe

truditi se (ja se trudim) – sich bemühen

tržnica – Gemüsemarkt

tu i tamo – hier und dort, gelegentlich

tužno – traurig

U

ubrzo – bald

udahnnuti (ja udahnem) *voll.* – einatmen

udati se (ja se udam) *voll.* – heiraten (Frau)

ugledati (ja ugledam) *voll.* – erblicken

ugodniji (m) – angenehmer

ujak – Onkel mütterlicherseits

ujutro – in der Früh

uključiti (ja uključim) *voll.* – einschalten

ukočiti se (ja se ukočim) *voll.* – sich versteifen; ukočiti se od straha (*Phrase*) – vor Angst erstarren

ukus – Geschmack

um – Intellekt, Gehirn, Geist

umiješati se (ja se umiješam) *voll.* – sich einmischen

umiranje – Sterben

umirati (ja umirem) – sterben

umjetnik – Künstler

umrijeti (ja umrem) *voll.* – sterben

unuk – Enkel

uopće – überhaupt

uostalom – übrigens

upisivati (ja upisujem) – eintragen

upitati (ja upitam) *voll.* – fragen

uplašiti se (ja se uplašim) *voll.* – sich fürchten

upravo – gerade, jetzt

urednik – Redakteur

uskoro – bald

uskrsnuti (je uskrsnem) *voll.* – auferstehen

usporediti (ja usporedim) *voll.* – vergleichen

usput – unterwegs

ustajanje – Aufstehen

ustanoviti (ja ustanovim) *voll.* – feststellen

ustati (ja ustanem) *voll.* – aufstehen

utjecati (ja utječem) – beeinflussen

utjerati (ja utjeram) *voll.* – einjagen; utjerati strah u kosti (*Phrase*) – Angst einjagen

uvjeravati (ja uvjeravam) – versichern, überzeugen

uvjeren, uvjerena (m/f) – überzeugt

uvjerenje – Überzeugung

uvjeriti (ja uvjerim) *voll.* – überzeugen

uvjerljiv – überzeugend

uvjerljivost – Überzeugungskraft

uzbuđenje – Aufregung

uzdahnuti (ja uzdahnem) – seufzen

uzeti (ja uzmem) *voll.* – mitnehmen, nehmen

uživati (ja uživam) – genießen

V

valjda – wahrscheinlich

van = izvan – außerhalb

važno – wichtig

već – schon

vedro nebo – heiterer Himmel; kao grom iz vedra neba – wie aus heiterem Himmel

veselo – fröhlich

veza – Verbindung; on nema veze s tim – er hat damit nichts zu tun

veza – Verbindung; u vezi – hinsichtlich

vic, (pl.) vicevi – Witz

viđati se (ja se viđam) – sich sehen, sich treffen

vidjeti se (ja se vidim) *voll.* – sich sehen, sich treffen

vikati (ja vičem) – schreien

vječan, vječna (m/f) – ewig

vjenčati se (ja se vjenčam) *voll.* – heiraten

vjerojatno – wahrscheinlich

vjerojatnost – Wahrscheinlichkeit

vježbanje – Üben

vlastit, vlastita (m/f) – eigen

vol – Ochse; istući koga kao vola u kupusu – jemanden windelweich verprügeln

vozač – Fahrer

vozilo – Fahrzeug

vožnja – Fahrt; par sati vožnje – ein paar Fahrstunden

vraćati se (ja se vraćam) – zurückkehren

vrata – Tür

vratiti se (ja se vratim) *voll.* – zurückkehren

vremena → N: vrijeme: Zeit; Wetter; kad sam imala slobodnog vremena – wenn ich Zeit hatte; za vrijeme – während

vrtjeti se (ja se vrtim) – sich drehen

Z

za – für; nach

zaboraviti (ja zaboravim) *voll.* – vergessen

začuditi se (ja se začudim) *voll.* – sich wundern

začuti (ja začujem) *voll.* – hören

zadnji, zadnja (m/f) – letzter, letzte

zadržati (ja zadržim) *voll.* – aufhalten

zagrliti (ja zagrlim) *voll.* – umarmen

zahvaliti se (ja se zahvalim) *voll.* – sich bedanken; Zahvali se u moje ime! – Bedanke dich in meinem Namen!

zaliti (ja zalijem) *voll.* – gießen

zaljubiti se (ja se zaljubim) *voll.* – sich verlieben

zapeti (ja zapnem) *voll.* – stecken; pljuvačka mi je zapela u grlu – mir ist die Spucke weggeblieben

zastati (ja zastanem) *voll.* – innehalten

zavidjeti (ja zavidim) *voll.* – beneiden

zavoj – Kurve

završetak – Ende, Beendigung

zazvoniti (ja zazvonim) *voll.* – läuten

zbilja – wirklich

Zbogom! – Lebe wohl!

zbuniti (ja zbunim) *voll.* – verwirren

zbunjen, zbunjena (m/f) – verwirrt

zbunjenija (f) – verwirrter

zbunjenost – Verwirrtheit

zdrav, zdrava (m/f) – gesund

zdravlje – Gesundheit

zezati se (ja se zezam) *umgs.* – scherzen

zloba – Bosheit

značiti (ja značim) – bedeuten

znati (ja znam) – wissen; kennen; können

zreo, zrela (m/f) – reif

zvati (ja zovem) – einladen; anrufen

zvati se (ja se zovem) – heißen

zvoniti (ja zvonim) – läuten

zvučati (ja zvučim) – klingen

Ž

žao → bilo mi je žao – es hat mir leid getan

želja – Wunsch

ženiti se (ja se ženim) – heiraten (Mann)

žila – Ader

živ, živa (m/f) – lebend

život – Leben

Kroatisch leicht

Erhältlich seit Jänner 2024

LEHRBÜCHER

Sprachniveau - A1 Anfänger

A. Bilić: „Ja govorim hrvatski 1", Lehrbuch mit Hörtexten
Taschenbuch

A. Bilić, S. Pawischitz: „Ja govorim hrvatski 1", Grammatik
Taschenbuch

A. Bilić: „Ja govorim hrvatski 1", Lesebuch
Taschenbuch

A. Bilić: „Ja govorim hrvatski 1", Testbuch mit Hörtexten
Taschenbuch

A. Bilić: Vokabeltaschenbuch zum Lehrbuch „Ja govorim hrvatski 1"
Taschenbuch, E-Book

A. Bilić: Kroatisch: Einfache Sätze 1 zum Lehrbuch „Ja govorim hrvatski 1"
Taschenbuch, E-Book, Hörbuch, interaktives E-Book mit Hörtexten

A. Bilić: Verbverzeichnis A1-B1 Kroatisch – Deutsch, Deutsch - Kroatisch
Taschenbuch, E-Book

Sprachniveau – A2

A. Bilić: „Ja govorim hrvatski 2“, Lehrbuch mit Hörtexten
Taschenbuch

A. Bilić, S. Pawischitz: „Ja govorim hrvatski 2“, Grammatik
Taschenbuch

A. Bilić: „Ja govorim hrvatski 2“, Lesebuch
Taschenbuch

A. Bilić: Vokabeltaschenbuch 2 zum Lehrbuch „Ja govorim hrvatski 2“
Taschenbuch, E-Book

A. Bilić: Kroatisch: Einfache Sätze 2 zum Lehrbuch „Ja govorim hrvatski 2“
Taschenbuch, E-Book, Hörbuch, interaktives E-Book mit Hörtexten

A. Bilić: Verbalaspekte im Kroatischen A2 – B1
Taschenbuch

MINI-ROMANE

Sprachniveau 0: Leichter Anfang – Vokabelumfang bis 400 Wörter (A1 Anfänger)

A. Bilić: Meine Fernbeziehung / Moja daleka ljubav
Taschenbuch, E-Book, Hörbuch, interaktives E-Book mit Hörtexten

A. Bilić: Die silberne Lampe / Srebrna lampa
Taschenbuch, E-Book, Hörbuch, interaktives E-Book mit Hörtexten

A. Bilić: Die steinerne Vase / Kamena vaza
Taschenbuch, E-Book, Hörbuch, interaktives E-Book mit Hörtexten

Sprachniveau 1: Beginner – Vokabelumfang bis 800 Wörter (A1 – A2)

A. Bilić: Die außergewöhnliche Herausforderung / Izuzetni izazov
Taschenbuch, E-Book, Hörbuch, interaktives E-Book mit Hörtexten

A. Bilić: Die kleine große Entscheidung / Mala velika odluka
Taschenbuch, E-Book

A. Bilić: Eine definitive Sache / Definitivna stvar

Taschenbuch, E-Book

Sprachniveau 2: Fortgeschrittene – Vokabelumfang bis 1200 Wörter (A2)

A. Bilić: Neben mir / Kraj mene
Taschenbuch, E-Book, Hörbuch, interaktives E-Book mit Hörtexten

A. Bilić: Der Unbekannte / Neznanac
Taschenbuch, E-Book

Sprachniveau 3: Erfahrene – Vokabelumfang bis 1700 Wörter (B1)

A. Bilić: Ein Sommerurlaub in Istrien / Ljetovanje u Istri
Taschenbuch, E-Book, Hörbuch, interaktives E-Book mit Hörtexten

A. Bilić: Die Freundinnen / Prijateljice
Taschenbuch, E-Book

A. Bilić: Die Abreise / Odlazak
Taschenbuch, E-Book

Sprachniveau 4: Perfektion – Vokabelumfang bis 2200 Wörter (B2)

A. Bilić: Mein Name ist Monika – 1. Teil / Moje ime je Monika – 1. dio
Taschenbuch, E-Book

A. Bilić: Mein Name ist Monika – 2. Teil / Moje ime je Monika – 2. dio
Taschenbuch, E-Book

A. Bilić: Mein Name ist Monika – 3. Teil / Moje ime je Monika – 3. dio
Taschenbuch, E-Book

Sprachniveau 5: Perfektion Plus – Vokabelumfang bis 2800 Wörter (C1)

A. Bilić: Die Begegnung / Susret
Taschenbuch, E-Book

A. Bilić: Die Verabredung / Sastanak
Taschenbuch, E-Book

Sprachniveau 6: Erstsprache – Vokabelumfang bis 3500 Wörter (C2)

A. Bilić: Der Besuch / Posjet
Taschenbuch, E-Book

A. Bilić: Ein interessantes Motiv / Interesantan motiv
Taschenbuch, E-Book

Standardliteratur ohne Vokabelteil

A. Bilić: Ulica snova – fantastične priče
Taschenbuch, E-Book

A. Bilić: O jasnoći i drugim zabludama - pjesme
Taschenbuch, E-Book

Snježana (Ana) Bilić: Život s voluharicama
Taschenbuch, E-Book

Snježana (Ana) Bilić: Knjiga o Takama
Taschenbuch, E-Book

Besuchen Sie uns auch im Internet unter

www.kroatisch-leicht.com

und erfahren Sie mehr über weiteres Lern- und Lesematerial. Es werden laufend neue Bücher und digitale Medien veröffentlicht